BEI GRIN MACHT SICH IHR WISSEN BEZAHLT

Sarah Dorst

Goethes Italienreise

1786-1788

GRIN Verlag

Bibliografische Information der Deutschen Nationalbibliothek:

Die Deutsche Bibliothek verzeichnet diese Publikation in der Deutschen National-
bibliografie; detaillierte bibliografische Daten sind im Internet über http://dnb.d-
nb.de/ abrufbar.

Dieses Werk sowie alle darin enthaltenen einzelnen Beiträge und Abbildungen
sind urheberrechtlich geschützt. Jede Verwertung, die nicht ausdrücklich vom
Urheberrechtsschutz zugelassen ist, bedarf der vorherigen Zustimmung des Verla-
ges. Das gilt insbesondere für Vervielfältigungen, Bearbeitungen, Übersetzungen,
Mikroverfilmungen, Auswertungen durch Datenbanken und für die Einspeicherung
und Verarbeitung in elektronische Systeme. Alle Rechte, auch die des auszugsweisen
Nachdrucks, der fotomechanischen Wiedergabe (einschließlich Mikrokopie) sowie
der Auswertung durch Datenbanken oder ähnliche Einrichtungen, vorbehalten.

Impressum:

Copyright © 2009 GRIN Verlag, Open Publishing GmbH
Druck und Bindung: Books on Demand GmbH, Norderstedt Germany
ISBN: 978-3-640-94779-9

GRIN - Your knowledge has value

Der GRIN Verlag publiziert seit 1998 wissenschaftliche Arbeiten von Studenten, Hochschullehrern und anderen Akademikern als eBook und gedrucktes Buch. Die Verlagswebsite www.grin.com ist die ideale Plattform zur Veröffentlichung von Hausarbeiten, Abschlussarbeiten, wissenschaftlichen Aufsätzen, Dissertationen und Fachbüchern.

Besuchen Sie uns im Internet:

http://www.grin.com/

http://www.facebook.com/grincom

http://www.twitter.com/grin_com

Goethes Italienreise

1786-1788

vorgelegt von

Sarah Dorst

am Clemens - Winkler - Gymnasium Aue.

INHALTSVERZEICHNIS

Unter dem Vorwand man hätte ihn niemals freiwillig gehen lassen, "stahl er sich aus dem Karlsbad weg", so geht seine Flucht aus seinem vorigen Leben aus dem Tagebucheintrag von Johann Wolfgang von Goethe hervor. Diese Flucht wurde zu einer zweijährigen Reise, die ihn durch ganz Italien führte. Zudem stellte Italien zu diesem Zeitpunkt ein ideales Reiseziel für die Dichter Deutschlands dar. Vielleicht war es für Goethe aber auch eine Art Selbstfindungstripp, denn er selbst sagte über sich: "ich wäre rein zu Grunde gegangen und zu allem unfähig gewesen". In Italien wollte er eine neue Inspiration finden, die ihn später anregen sollte. Dabei diente ihm als Ziel die Hauptstadt Italiens: **Rom**. (1)

1. Goethe und der Verlauf der Italienreise

1.1.Biographie Goethes

Johann Wolfgang von Goethe wurde am 28.8.1749 in Frankfurt/Main geboren und wuchs in wohlhabenden Verhältnissen auf. Sein Vater war ein gebildeter und angesehener Mann und führte sein Leben nach strengen Grundsätzen. Seine Mutter war dagegen eine frohe heitere Frau mit viel Phantasie und Humor. Und beide Eigenschaften seiner Eltern hatte ihr Sohn anscheinend geerbt. Als 15jähriger bewarb er sich bereits um die Aufnahme in die "Arcadische Gesellschaft in Philandria". 1765 studierte Goethe Jura in Leipzig und legte danach in Straßburg seine Lizentiatprüfung ab. In Straßburg begeisterte er sich unter dem Einfluss von Johann Gottfried Herder unter anderem auch für Homer, Pindar, Shakespeare, für die gotische Baukunst und für das Volkslied. Mit der Urfassung des "Faust" und des "Götz von Berlichingen" sowie durch seine Sesenheimer Lyrik an Frederike Brion ("Willkommen und Abschied", "Mailied") wurde er zum führenden Dichter des "Sturm und Drang". Nach Frankfurt zurückgekehrt, war er als Rechtsanwalt tätig. Weltruhm trug ihm auch der Briefroman "Die Leiden des jungen Werther" ein, der nach einer Praktikantenzeit in Wetzlar (1772) entstand, als er von der Liebe zu Charlotte Buff ("Lotte") erfasst wurde. In Wetzlar gehörte Goethe logenartigen Gesellschaften an wie der "Rittertafel" oder dem "Orden des Überganges". 1775 berief Karl August, der Herzog von Sachsen-Weimar, Goethe jedoch nach Weimar. Dort gewann Goethe von Jahr zu Jahr an Einfluss auf den Fürsten und gehörte bereits 1776 zum Geheimen Rat.

Am 7.Januar 1780 kehrten Goethe und Karl August von ihrer zweiten Schweizer Reise zurück, auf der beide den Entschluss fassten, sich in den Freimaurerbund aufnehmen zu lassen.
Am 23.Juni 1781 wurde Goethe von der Universität Jena zum Gesellen befördert und bereits am 11.Februar 1783 wurde Goethe in den Illuminaten-Orden aufgenommen. Dieser wurde 1776 gegründet und sollte nach dem Vorbild des Jesuitenordens eine geheime Weisheitsschule sein, "in der die besten jungen Akademiker unbehindert von den traditionellen Fesseln alles lernen sollten, was die Priester von den Lehrstühlen verbannt hatten".(2) Dort führte Goethe den Ordensnahmen "Abaris" und erlangte rasch höheres Ansehen, indem er sich an Verhandlungen und Entscheidungen des Ordens beteiligte.

Dadurch fühlte sich Goethe jedoch schon bald als Dichter eingeengt und entzog sich seinen amtlichen Verpflichtungen **1786-88** durch eine **Italien-Reise.** Diese längere Reise eröffnete ihm den Zugang zur antiken Kultur und seine "klassischen" Dramen entstanden. Der **"Egmont"** wurde abgeschlossen, **"Iphigenie auf Tauris"** verfasst, **"Torquato Tasso"** sowie die **"Römischen Elegien"** entworfen.

Nach seiner Rückkehr aus Italien lernte Goethe 1788 Christiane Vulpius kennen, die er erst nach langem Zusammenleben 1806 heiratete. Sie gebar ihm mehrere Kinder, von denen aber nur sein Sohn August am Leben blieb. In dieser Zeit entstanden die "Metamorphose der Pflanzen" und die ersten Arbeiten zur "Farbenlehre". Weitere Reisen und die Französische Revolution brachten so viel Unruhe in Goethes Leben, dass er vorerst die Einsamkeit suchte. Erst die Freundschaft mit Schiller seit 1794 gab ihm neuen Ansporn. Schiller arbeitete an seinen späten Dramen, währenddessen Goethe seinem Erziehungsroman "Wilhelm Meister" die Endfassung gibt. 1797 erscheint "Hermann und Dorothea". Seine Hauptarbeit aber war der "Faust", dessen erster Teil 1806 beendet wurde. 1815 veranlasste Goethe die Aufnahme seines Sohnes in den Freimaurer-bund und aus seiner eigenen Lebensrückschau gingen in dieser Zeit "Dichtung und Wahrheit" und die "Italienische Reise" hervor. Doch sein dichterisches Spätwerk ist "Faust II". Als Goethe am 22.3.1832 in Weimar starb, war damit auch die Zeit der deutschen Klassik, die "Goethe-Zeit" vorbei.(3)

1.2. Gründe für die plötzliche Reise

Die Reise Goethes war eine Art Flucht. Die Arbeit in Weimar als Minister hatte seine literarische Kreativität blockiert. Italien war schon seit seiner Kindheit ein Traum gewesen und er hoffte, dass das klassische Italien der griechisch-römischen Kultur zu seiner künstlerischen Wiedergeburt führen würde. Um nun wenigstens zeitweilig seinen eigenen Weg zu gehen beschloss Goethe, den Herzog um einen unbestimmten Urlaub zu bitten. Diese Bitte wurde genehmigt und Goethe konnte sich nach seiner 10jährigen Bindung an den Herzogshof endlich mit seinen wahren Intersessensgebieten beschäftigen. Ähnlich wie schon bei seiner Abreise aus Wetzlar 1772 brach Goethe Hals über Kopf auf. Nicht einmal gegenüber seinen nähesten Freunden oder Verwandten erwähnte er seinen kurz bevorstehenden Abschied. Tatsache ist aber, dass die Reise trotz allem perfekt geplant war.

Goethe folgte mit seiner Flucht den Spuren seines Vaters. Dieser hatte bereits 1740 eine Reise nach Venedig unternommen und war damals mit einigen römischen Antiquitäten zurückgekehrt. Er hatte dem kleinen Goethe das Modell einer Gondel mitgebracht und im ganzen Haus römische Stiche aufgehängt. Es soll sogar eine Landkarte in Goethes Zimmer gehangen haben, auf der man die Route der Reise seines Vaters von 1740 verfolgen konnte. Auf diese Art und Weise wurde die Sehnsucht nach Italien schon von Kindesbeinen an geweckt. Doch neben der Italiensucht war wohl auch die Unzufriedenheit mit seiner bisherigen Tätigkeit in der Weimarer Staatsverwaltung ein Motiv für seinen Entschluss, vor allem die drückenden höfischen und dienstlichen Verpflichtungen. Sein bisheriges Leben war ihm scheinbar zu eng geworden, auch die Gesellschaft und die Menschen in seiner nächsten Nähe. Es schien ihm als würde sich nichts verändern, nichts weiter entwickeln. Er verspürte nur noch einen Drang nach Freiheit, nach neuen Eindrücken oder vielleicht auch nach neuen Aufgaben. Er selbst sagte: "Nur da ich jedermann mit Leib und Seele in Norden gefesselt [...] sah, konnte ich mich entschließen, [...] den Mittelpunkt zu suchen, nach dem mich ein unwiderstehliches Bedürfnis hinzog. Ja, die letzten Jahre wurde es eine Art von Krankheit, von der mich nur der Anblick und die Gegenwart heilen konnte. [...] Die Begierde dieses Land zu sehen, war überreif."(4)

Die Sehnsucht nach Italien war in Goethe jedoch auf zweierlei Weise geweckt worden. Je mehr Goethe selbst ein Ideal menschlichen Verhaltens zu finden versuchte, desto mehr begann er sich für Winkelmanns Ideal "edle Einfalt und stille Größe"(5) zu interessieren und desto größere Hoffnung setzte er auf Italien. Denn die italienische Kultur erlebte zu dem Zeitpunkt seiner Reise einen Höhepunkt. Er war also bestrebt die Lebensformen des Volkes zu erkunden und ihre spezifischen Bedingungen zu begreifen. So brach er nun im September 1786 nach Italien zu einer sogenannten Erholungs- und Bildungsreise auf, ohne seine Umgebung zu informieren und um seinen Wunsch Italien kennen zu lernen zu verwirklichen. Und somit rechtfertigte Goethe seinen Ausbruch: "Hätt'ich nicht den Entschluss gefaßt, den ich jetzt ausführe, so wär'ich rein zugrunde gegangen und zu allem unfähig gewesen.".(6)

1.3. Etappen der Reise

Am 3.September 1786 stahl sich Goethe früh morgens aus Karlsbad weg, um sich auf seine erste Reise nach Italien als Maler Müller - oder in mancher Literatur auch Maler Möller genannt - zu begeben. Seine Reise ähnelt dem äußeren Anschein nach zwar eher einer Flucht als einem geplanten Unternehmen, jedoch hat Goethe seine Reise über mehrere Jahre hinweg gründlich geplant und das nur mit Hilfe eines einzigen Mitwissenden, seinem Diener Philipp Seidel.

In großer Eile reiste der damals 37jährige über Regensburg, München, Mittenwald, Innsbruck, den Brenner, Bozen, Trient, Malcesine und legte erstmals in Verona und Vicenza jeweils mehrtägige Pausen ein. Weiter ging es dann nach Venedig, wo Goethe sich länger als zwei Wochen aufhielt. Über Ferrara und Cento gelangte er nach Bologna und setzte nach einer abermals mehrtägigen Pause die Reise - nur durch Übernachtungen unterbrochen - bis zu seinem Hauptziel nach Rom fort. Sein Ziel zu erreichen war ihm so dringend, dass er in Florenz nur drei Stunden verweilte und sogar komplett auf eine Besichtigung Perudias verzichtete. Dazu vermerkte er in seinem 'Reise-Tagebuch', was er während der gesamten Italienreise anfertigte, er habe Perudia aus Zufall und Schuld nicht gesehen. Denn die Toskana war für Goethe nur ein Durchreiseort und nicht ein Reiseziel.

Hier noch einmal alle einzelnen Stationen im Überblick:(7)

• Karlsbad, 3.September 1786

• Regensburg, 4.September 1786

• München, 5.September 1786

• Mittenwald, 7.September 1786

• Innsbruck, 10.September 1786

• Verona, 14. bis 19.September 1786

• Venedig, 28.September bis 14.Oktober 1786

• Florenz, 23.Oktober 1786

• Rom, 29.Oktober 1786 bis 22.Februar 1787

• Neapel, 25.Februar bis 29.März 1787

• Rom, 6.Juni 1787 bis 24.April 1788

• Rückkehr nach Deutschland

• Weimar, 18.Juni 1788

An Hand der "Historisch-kritischen Nachrichten aus Italien", die ihm ein Reiseführer vermittelte, (8)suchte Goethe die klassischen Stätten auf. Darin wird auch der Renaissancebaumeister Andrea Palladio genannt. Goethe suchte alle seine Bauten auf, in Vicenza wie auch in **Venedig**. Die aus der antiken Baukunst entwickelten Auffassungen Palladios verhalfen ihm zu einem ersten Verständnis antiker Architektur. Dazu hatte Goethe in **Verona** schon das Amphitheater gesehen und einige antike Grabmäler.(9)

In **Rom** wohnte Goethe bei dem Maler Johann Heinrich Tischbein, mit dem er schon seit 1781 in

Verbindung stand. Tischbein führte ihn durch die Stadt und zeigte ihm viele Sehenswürdigkeiten wie die Sankt Peter Kathedrale oder die päpstliche Gemäldegalerie. Außerdem wurde Goethe in den Kreis der deutschsprachigen Künstler in Rom eingeführt und machte unter anderem die Bekanntschaft mit dem Dichter Karl Philipp Moritz.(10)

Im Februar 1787 reiste Tischbein nach **Neapel** und Goethe begleitete ihn dort hin. Hier nimmt Goethe Zeichenunterricht bei dem Landschaftsmaler Jacob Philipp Hackert. Goethe durchwanderte sogar das Kraterbecken der Sulfatara und bestieg den Vesuv.(11) Schon seit seiner Ankunft in Verona beobachtete Goethe besonders das einfache Volk. Auch in Venedig interessierte er sich besonders auf Plätzen und Märkten für die Gebärden des Volkes und jetzt in Neapel war er überzeugt, das Volk sei "so natürlich, daß man mit ihm natürlich werden könne".(12)

Am 19.März 1787 segelte Goethe von Neapel nach Palermo, um **Sizilien** kennenzulernen. Diese Exkursion dauerte fast sieben Wochen und nebenbei unterhielt er einen Zeichner und Reiseführer namens Kniep. An den Tempeln von Segesta und Agrigent versuchte Goethe sein Verständnis der antiken Architektur auszubilden und erfasste dadurch sogar die Urform der klassischen Architektur.(13) Nachdem er die Küstenregion der Insel durchreist, das Innere Siziliens gesehen und den Ätna bestiegen hatte, versuchte er, "den Gesang der Odyssee, in dem Odysseus auf der Insel der Phäaken landet und Nausikaa, der Tochter des Königs Alkinoos, begegnet, dramatisch zu gestalten. Im Drama "Nausikaa", in dem Antike und Gegenwart durch Sage und Landschaft verbunden werden sollten, wollte Goethe den Ertrag seiner Sizilienreise finden. Aber das Werk blieb Fragment, nachdem Goethe die Insel verlassen hatte."(14)

Als Goethe nach **Rom** zurückgekehrt war bewährten sich seine naturwissenschaftlichen Studien ebenso wie sein Studium der antiken Kunstdenkmäler. Intensiv beschäftigte sich Goethe jetzt mit seinen nach Italien mitgenommenen Dichtungen, formte sie um und arbeitete sie aus. Neben der Beschäftigung mit antiker Bildhauerkunst und der Malerei arbeitete er auch an seinen literarischen Projekten "Iphigenie", "Egmont", "Tasso" und "Faust" weiter. 1786 konnte "Iphigenie auf Tauris" in Versform fertiggestellt werden, 1788 dann "Egmont". Jetzt verstand Goethe auch den römischen Karneval, mit dem er im Jahr zuvor noch gar nichts hatte anfangen können: "Es mußte mir bald auffallen, daß dieses Volksfest wie ein anderes wiederkehrendes Leben und Weben seinen entschiedenen Verlauf hatte, [...] wo jeder Zuschauer und Teilnehmer mit freiem Gesicht oder unter der Maske [...] nur einen geringen Raum vor und neben sich übersieht, [...] mehr aufgehalten wird als willig stille steht, nur eifriger dahin zu gelangen sucht, wo es besser und froher zugeht, und dann auch da wieder in die Enge kommt und zuletzt verdrängt wird."(15)

2. Werke während dieser Zeit

2.1. Iphigenie auf Tauris

Dieses Schauspiel von Johann Wolfgang von Goethe ist in fünf Aufzügen unterteilt und handelt von folgendem:

Der Feldherr Agamemnon rüstet sich mit seiner Flotte zur Abfahrt nach Troja, die zürnende Göttin Diana jedoch verweigert den Fahrtwind. Da entschließt sich Agamemnon zu einer unbarmherzigen Tat, der Opferung seiner Tochter Iphigenie. Diana ist besänftigt, hüllt Iphigenie in eine Wolke und bringt sie nach Tauris, der heutigen Krim. Hier dient sie fortan als Priesterin der von den Einheimischen als Schutzgöttin verehrten Diana. Der Taurerkönig Thoas wirbt um sie, doch sie verweigert sich ihm. Sie fühlt sich isoliert in der Fremde und wünscht nichts sehnlicher als die Rückkehr nach Griechenland. Thoas ist erzürnt und beschließt einen alten Brauch wieder einzuführen, nähmlich, dass jeder Fremde, der das Ufer betritt, auf Dianas Altar geopfert wird. Zuerst werden Iphigenies Bruder Orest und sein Freund Pylades aufgegriffen. Durch Orest erfährt sie das weitere Schicksal ihrer fluchbeladenen Familie: die Ermordung Agamemnons durch seine Frau Klytämnestra und ihren Liebhaber Ägisth und den von Orest begangenen Mord an seiner Mutter Klytämnestra. Orest ist dem Wahnsinn nahe, doch das Delphische Orakel verspricht Heilung, jedoch nur durch die Rückholung des Götterbildes der Diana könne der Fluch von ihm genommen werden. Iphigenie dagegen legt ihr Schicksal in die Hände des "Barbarenkönigs" Thoas. Und durch die Umdeutung des Orakels, das statt dem Bildnis der Diana, seine Schwester Iphigenie meint, ermöglicht einen glücklichen Ausgang des Dramas. Der Taurerkönig muss die Griechen ziehen lassen.(16)

"Iphigenie auf Tauris" ist ein klassisches deutsches Drama und wirft die Frage auf, wie Menschliches gegen eine übermächtig empfundene göttliche Gewalt verteidigt werden kann. Goethe übernahm dabei den mythischen Stoff von Euripides, vermenschlichte aber die Konflikte. Denn der Mensch ist nicht mehr wie im Mythos Spielball der Götter, sondern selbst für sein Schicksal verantwortlich. Goethe nannte später selbst seine Iphigenie als "Verteufelt human". Das Drama beginnt mit einem streng symmetrischen Aufbau um die Zentralfigur Iphigenie einerseits durch Thoas, den Barbaren, andererseits durch die beiden Griechen Orest und Pylades.

Ebenso streng folgt der Aufbau der Szenenfolge in den einzelnen Akten: Exposition im ersten Akt, im zweiten erregende Momente durch die Ankunft der Griechen, im dritten Akt das Wiedererkennen der Geschwister, der vierte mit der Intrige und im fünften wird der Konflikt dann plötzlich aufgelöst - deshalb wurde dieses Stück auch als Schauspiel betitelt.

Das Drama zerfällt in zwei Handlungsstränge: die Orest- und Iphigeniehandlung. In der Oresthandlung stehen sich zwei verschiedene Typen gegenüber: der im Mythos befangene Orest, der seinen Tod herbeisehnt und der vernunftgeleitete Pylades, der auf Rettung hofft. Orest wird am Ende des dritten Akts von seinem Wahn geheilt, dieses Befreiungserlebnis wird als eine Art "therapeutischer Akt" dargestellt. Offen bleibt allerdings wodurch dieser Heilungsprozess in Gang kommt.

Die Griechen mit Orest und Pylades stehen eher für eine relativ geistesgeschichtliche Position, die Taurer vertreten eine archaische Schicht. Eine ausgesprochen modern-aufgeklärte Haltung vertritt dagegen Iphigenie, indem sie ihren Anspruch auf Selbstbestimmung verteidigt: "Der mißversteht die Himmlischen, der sie Blutgierig wähnt, er dichtet ihnen nur die eignen grausamen Begierden an" (I, 3).(17)

2.3. Gedichte in dieser Zeit

Meeres Stille

Tiefe Stille herrscht im Wasser,
Ohne Regung ruht das Meer,
Und bekümmert sieht der Schiffer
Glatte Fläche ringsumher.
Keine Luft von keiner Seite!
Todesstille fürchterlich!
In der ungeheuern Weite
Reget keine Welle sich.

Goethe sieht zum ersten Mal in Italien das Meer. Sicherlich war dies für ihn sehr eindrucksvoll, denn das Meer ist eigentlich sehr stürmisch und wild. Das Mittelmeer dagegen ist eher ruhig und still, denn es ist ein Binnenmeer. Aber Goethe will uns durch dieses Gedicht nicht das Meer oder das Leben eines Schiffers beschreiben. Ich denke vielmehr, dass er das Meer mit uns Menschen vergleicht. Eigentlich können wir Menschen tun und lassen was wir wollen, denn wir sind frei, doch jeder einzelne verfällt immer wieder in seinen Alltagstrott und ist dadurch im Leben eingeengt. Goethe vergleicht sich wahrscheinlich mit dem Fischer, der mit Schrecken auf diese Welt sieht. Es gibt kein Weiterkommen, kein Entrinnen, nur Stillstand. Jeder kümmert sich nur um sich und seine eigenen Probleme. Dadurch wird es zur "fürchterlichen Todesstille" kommen und wir werden in unseren eigenen Sorgen eingehen oder sogar verloren gehen.

So fühlte sich Goethe in Weimar kurz bevor er zu seiner Reise aufbrach. Er fühlte diese Stille und Einsamkeit und sehnte sich dabei so nach etwas neuem.

Ein Anders

Geh! gehorche meinen Winken,
nutze deine jungen Tage,
lerne zeitig klüger sein!
Auf des Glückes großer Waage
steht die Zunge selten ein:
Du musst steigen oder sinken,
du musst herrschen und gewinnen,
oder dienen und verlieren,
leiden oder triumphieren,
Amboss oder Hammer sein.

Ich vermute, dass dieses Gedicht eine persönliche Aufforderung von Goethe vor allem an die jüngere Generation sein soll. Er weist darauf hin, ihr Leben selbst in die Hand zu nehmen und etwas daraus zu machen. Er selbst warnt davor, in eine Art Trott zu fallen und sich dabei nur noch mit sich selbst zu beschäftigen. Goethe selbst erlebte so eine Zeit bereits in Weimar und entschied sich daher, diese Italienreise zu machen. Er fordert uns auf, etwas zu riskieren und dabei auch etwas aufs Spiel zu setzen. Man kann nur verlieren oder gewinnen, entweder das eine oder das andere, beides zusammen kann man nicht haben. Die Devise lautet ja auch: 'Wer nicht wagt, der nicht gewinnt!'. "Amboss oder Hammer sein" - entweder ist man der Gewinner und der Überlegene, eben der Amboss, oder der Verlierer und der Leidtragende. Derjenige, der nur benutzt wird, wie eben der Amboss. Auch Goethe hat mit seiner Reise einiges gewagt, daher fordert er auch andere auf, zu riskieren und ermutigt vor allem zur Bildung.

Harfenspieler

An die Türen will ich schleichen,
Still und sittsam will ich stehn,
Fromme Hand wird Nahrung reichen,
Und ich werde weitergehn.
Jeder wird sich glücklich scheinen,
Wenn mein Bild vor ihm erscheint;
Eine Träne wird er weinen,
Und ich weiß nicht, was er weint.

Wahrscheinlich identifiziert sich Goethe mit dem Harfenspieler, der von Tür zu Tür geht und bettelt. Jeder hat Mitleid mit ihm und gibt ihm etwas, aber wenn er dann fort ist, wird er auch schnell wieder vergessen. Goethe hatte in Weimar einen großen Freundeskreis, man hat sich gegenseitig unterstützt und geholfen. Man verträgt sich eben miteinander, aber es interessiert sich niemand ernsthaft für sein Gegenüber. Man verbringt Zeit mit seinen Freunden und es scheint, als wäre jeder glücklich und zufrieden, nur Goethe war es anscheinend nicht. Er verlässt seine Freunde, ohne auch nur seinen nähesten Bekannten ein Wörtchen zu erzählen. Jetzt, da er fort ist, werden seine Freunde eine einzige Träne für ihn weinen, nur weiß er nicht ob diese Träne wirklich ein Zeichen der Trauer ist oder ob sie eher aus Gleichgültigkeit und Freude geweint wird.

Mignon

Nur wer die Sehnsucht kennt,
weiß, was ich leide!
Allein und abgetrennt
von aller Freude,
seh`ich ans Firmament
nach jener Seite,
Ach! der mich liebt und kennt,
ist in der Weite.
Es schwindelt mir, es brennt
mein Eingeweide.
Nur wer die Sehnsucht kennt,

weiß, was ich leide!

Auch dieses Gedicht schrieb Goethe wahrscheinlich unmittelbar vor seiner Abreise nach Italien. Wie schon in 1.2. Gründe für die Reise erwähnt, versucht nun unser Goethe die Entscheidung Weimar zu verlassen und etwas neues zu entdecken zu rechtfertigen und anderen begreiflich zu machen. Er weiß wahrscheinlich selbst, dass er nie von allen verstanden werden kann, denn diese Sehnsucht nach diesem Land, muss in ihm gebrannt haben wie sonst nichts. Es scheint, als gäbe es nichts und niemanden, der ihn noch länger in Weimar hält und auch er selbst ist fest entschlossen, sich auf diese Reise zu begeben.

Goethe versucht durch diese Gedichte seine Gedanken und Gefühle seinen Mitmenschen mitzuteilen. Er rechtfertigt seine Handlungsweisen und identifiziert sich selbst mit anderen Personen, zum Beispiel mit einem Schiffer oder Harfenspieler. Dadurch gibt er seine momentane Situation bekannt. Er schreibt von seinen Problemen, seinen Ängsten, andererseits gibt er Mut und fordert auf, bestimmte Dinge zu riskieren. Vielleicht warnt er auch, nicht die gleichen Fehler zu tun, wie er es tat. Während seiner Italienreise schrieb Goethe zum Beispiel auch seinen jedem bekannten "Zauberlehrling". Auf alle Fälle handeln seine Gedichte von seinen eigenen Erlebnissen und Erfahrungen.(18)

2.3. Italienisches Reisetagebuch

Erst 1813/14 begann Goethe die Erfahrungen der "Italienischen Reise" im Überblick darzustellen. Dabei benutzte er unter anderem seine Notizbücher, Briefe und ein Reisejournal aus der Zeit seines Aufenthaltes in Italien. Das Reisetagebuch wurde zur Quelle des Berichts der "Italienischen Reise", der 1816 und 1817 zuerst unter dem Titel "Aus meinem Leben. Zweiter Abteilung Erster und Zweiter Teil" veröffentlicht wurde. Erst 1829 kam der Teil "Zweiter Römischer Aufenthalt" hinzu, der die Zeit von der Rückkehr aus Sizilien bis zur Abreise von Rom beinhaltet. Allerdings veröffentlichte Goethe schon 1789 separat die "Beschreibung des römischen Carneval". H. von Einem äußerte sich folgendermaßen dazu: "Es handelt sich also bei der Veröffentlichung der "Italienischen Reise" weniger um eine Neuschöpfung als um eine Redaktion. Gerade aber der zeitliche Abstand, der zwischen der kunstvollen Komposition dieses Werkes und der Reise selbst liegt lässt erkennen, welche Bedeutung die Italienreise für Goethe über das unmittelbare Erlebnis hinaus hatte."(19) Leider ist kaum ein einziger Abschnitt in der "Italienischen Reise" so beibehalten worden, wie er in den Aufzeichnungen während der Reise entstand. Trotzdem haben Goethes

Beobachtungen in weiten Teilen an Aktualität nichts verloren. Besonders am Anfang der Reise wollte Goethe die Lebensformen des Volkes erkunden und begreifen.

Neapel, Dienstag, den 20. März:

Goethe besteigt zum dritten Mal den Vesuv. Er hat von soeben ausbrechender Lava gehört und macht sich demzufolge mit zwei seiner Begleiter auf den Weg. Oben angekommen kämpfen sie sich durch ungeheuren Dampf und sehen dann endlich unterhalb des Kegelschlundes die Lava hervorquellen. Goethe hatte aber auch das Verlangen, sich dem Punkt zu nähern, wo die Lava direkt ausbricht. Durch unüberwindlichen und erstickenden Qualm konnten sie die Lava jedoch nicht ausbrechen sehen, sondern mussten die Exkursion schleunigst abbrechen. Nach einer Pause betrachtete er noch einige Schlünde und konnte dabei seinen Wissensdrang bei weiteren Entdeckungen der Beziehungen in der Natur stillen.(20)

Goethe wollte eindeutig etwas Aufregendes erleben. Vielleicht hat ihn einfach nur die Gefährlichkeit und das Risiko dieses Ausfluges getrieben. Aus einem Vulkan tritt nicht alle Tage Lava aus und Goethe wollte seine Neugier stillen und dieses Naturereignis nicht versäumen. Er wollte besondere und aufregende Dinge erleben, die er in Deutschland sicherlich nie zu Gesicht bekommen hätte. Aber Goethe war auch wissbegierig und wollte sich weiterbilden: "..., und ich freute mich, entdeckt zu haben, dass es vulkanischer Ruß sei, abgesetzt aus den heißen Schwaden, die darin enthaltenen verflüchtigten mineralischen Teile offenbarend." Außerdem ist ein Vulkan für uns Menschen lebensbedrohlich. Es gibt keinen Kalender der anzeigt, wann er ausbricht, denn alles geschieht spontan. Menschen können viel an ihrer Umwelt verändern, aber sie können keinen Vulkan bändigen oder beseitigen. Menschen, die in der Nähe eines Vulkans wohnen, müssen sich also auf diese Gefahren einstellen und es bleibt ihnen keine andere Wahl, als damit zu leben. Goethe wollte ja auch die Lebensform und -bedingungen der Napolitaner kennen lernen, aber vielleicht suchte er auch nur den Kick. Schon bei seinem ersten Besuch des Vesuvs bezeichnete Goethe den Vulkan als einen "mitten im Paradies aufgetürmten Höllengipfel". Der "ungeheure Gegensatz" des "Schrecklichen zum Schönen" wird gerade in Italien sichtbar. Auch die verschüttete Stadt Pompeji zeigt die eigentliche Gafährdung unserer Welt. Goethe selbst bezeichnet diese Situation "zwischen Gott und Satan eingeklemmt" zu sein und vielleicht erklärt er sich auch gerade darin die Mentalität der Napolitaner.(21)

3. Auswirkungen der Italienreise

3.1. Faust - Erster Teil

Nach öfterem Einstellen der Arbeit am Faust, aber auch dem Drängen Schillers wird 1806 endlich Faust I fertiggestellt. Anregungen dazu fand Goethe auch während seiner italienischen Reise. Das Drama besteht aus 4 Akten und die Handlung ist die folgende:

Der Gelehrte Faust ist am verzweifeln, da ihm die Wissenschaften keine Antworten auf die Frage nach dem Sinn des Daseins geben, will er sich sogar das Leben nehmen. Während eines Osterspaziergangs mit Famulus Wagner taucht jedoch ein merkwürdiger Pudel auf, der den beiden folgt. Als Faust allein in seinem Studierzimmer ist, verwandelt sich nun der Pudel in Mephisto, der in Gestalt eines fahrenden Schülers auftritt. Faust möchte nun mehr über das Wesen des Teufels erfahren und es kommt zu einem Pakt in dem Mephisto Faust auf der Erde dienen wird und Faust soll dafür sein Diener im Jenseits sein. Faust besiegelt den Vertrag mit seinem Blut und schon bald wird aus dem alten Gelehrten mit Hilfe eines Zaubertranks ein stürmischer Jüngling. Wenig später verliebt sich Faust in ein schönes und frommes Bürgermädchen mit Namen Gretchen. Mit der Hilfe Mephistos gelingt es Faust, Gretchen zu verführen, doch nur um einen schweren Preis: der Schlaftrunk für Gretchens Mutter ist Gift und ihren Bruder Valentin tötet Faust im Zweikampf. Gretchen ist von Faust schwanger, aber Mephisto und Faust sind längst geflohen. Mephisto hat Faust zur Walpurgisnacht auf den Blocksberg geführt, aber Faust ist von den Szenen dieser Nacht angewidert und will zu seinem Mädchen zurück. Inzwischen hat Gretchen aber ihr Baby getötet und ist daraufhin zum Tode verurteilt worden. Faust dringt mit Mephistos Hilfe in den Kerker ein und will sie zur Flucht bewegen, doch Gretchen will so ihr Leben nicht weiterführen und übergibt sich dem Gericht Gottes.

Faust ist das Werk der Klassik überhaupt. Faust ist eine historische Person die während des 15./16. Jahrhunderts der Ketzerei beschuldigt wurde. Auch nach seinem Tod wurde er in Legenden als Rebell dargestellt. Goethe jedoch bringt in der Figur des Faust auch Sympathie. Sie zeigt einen Menschen der nach Perfektheit strebt, den Lebensgenuss sucht und mit sich selbst nicht mehr klar kommt. Auf der anderen Seite wird in der Person Faust auch die Gier nach Anerkennung, Macht und Egoismus gezeigt. Ich schätze, dass Goethe sich mit der Person des Faust identifiziert, denn beide waren im gleichen Alter und hatten beide die gleichen Interressen. In diesem Werk hat Goethe auch seine Gedanken, Bilder und Probleme mit eingebracht. Trotzdem gibt es viele Dinge, die er im Gegensatz zum Urfaust geändert hat. Zum Beispiel ist die Beziehung zwischen Faust und

Mephisto nicht mehr wie früher nur ein Pakt, das bedeutet ein Herr-Diener Prinzip, sondern mehr eine Wette, in der Gleichberechtigung und Chancen für beide Partien vorhanden sind. Aber sehr deutlich sieht man während des Dramas die immer größer werdende Abhängigkeit Fausts von Mephisto. Am Ende lässt er sich nur noch von Mephisto einwickeln und es gelingt ihm allein so gut wie nichts mehr. Mephisto wird zwar als das Böse im Leben dargestellt, aber auf der anderen Seite gibt es auch die Überwindung des Bösen. Die Gestalt des Gretchens zeigt das kleinbürgerliche Leben und man könnte eventuell die Trennung von Frederike Brion oder die Beziehung mit Charlotte Butt in Wetzlar mit der Entstehung des Gretchens in Beziehung setzen. Auch die Szene der Walpurgisnacht könnte nach Goethes Erlebnissen mit dem Römischen Karneval in Verbindung gesetzt werden.(22)

Brecht äußerte sich folgendermaßen zu Faust:

"Mephisto und Gretchen - zwei der schönsten Figuren des Welttheaters können leicht dazu verführen, als Hauptpersonen behandelt zu werden; das darf nicht passieren, sind sie doch nur wichtig wegen der Wirkung, die Faust, die einzige Hauptfigur auf sie ausübt oder von ihnen bezieht."(23)

3.2. Veränderungen auf Goethe

Am 23.April 1788 bricht Goethe in Rom auf und tritt seine Heimreise an. In Weimar trifft er am 18.Juni ein. Goethe wird danach in Weimar von den meisten höfischen und dienstlichen Pflichten auf eigenen Wunsch entbunden. Stattdessen wird er mit der Leitung künstlerischer Anstalten des Herzogtums - darunter zum Beispiel das "Freie-Zeichen-Institut" - vertraut gemacht. Außerdem nimmt er eine junge Frau namens Christiane Vulpius in sein Haus auf, die er 1806 schließlich heiratete. Im Juli 1788 kommt es in Rudolstadt auch zur Begegnung zwischen Goethe und Friedrich Schiller. 1790 werden die Arbeiten an "Torquato Tasso", am "Faust ein Fragment" sowie die "Metamorphose der Pflanzen" beendet und erst 1795 die "Römischen Elegien" fertig gestellt.

"Mit dem neuen Leben, das einem nachdenkenden Menschen die Betrachtung eines neuen Landes gewährt, ist nichts zu vergleichen. Ob ich gleich noch immer derselbe bin, so mein`ich, bis aufs innerste Knochenmark verändert zu sein."(24)

Mit diesem neuen Land meint Goethe Italien. Denn dort fand er das, was er gesucht hatte aber in Deutschland nicht hatte finden können. Italien war seines Lebens Sehnsucht, Leidenschaft und Ziel geworden und durch diese Reise begann auch seine "klassische Periode". Außerdem erwähnte er in seinem Reisebericht noch folgendes: "Ich nenne dies die sinnlich geistige Überzeugung, dass hier das Große war, ist und sein wird."(25)

Goethe ist die bis heute bedeutenste Gestalt der deutschen Literatur und einer der größten Dichter der Welt. Er gab nicht nur einer Epoche den Namen Goethezeit sondern diese Zeit wurde auch noch von großem Einfluss für folgende Generationen. Aber Goethe war nicht nur Dichter oder Kritiker, er war sehr vielseitig und hatte auch noch weitere Arbeitsweisen: Sammler (u.a. Kunstsammlungen, naturwissenschaftliche Sammlungen), Politiker (Mitglied des Geheimen Rates), Zeichner, Naturwissenschaftler und Theaterdirektor. Wie nur wenige Menschen, kannte Goethe sich in fast allen Bereichen des Lebens und Wissens aus. Alles gehörte für ihn zu einer Einheit und er ordnete es in seine Weltanschauung ein. Ich glaube man kann solch einen Menschen auch Universalgenie nennen.

"Während seiner Reise erweiterten sich Goethes botanische Ideen in ungeahntem Maße. Er lernte eine Fülle neuer mediterraner Pflanzen kennen und hoffte, eine "Urpflanze" zu finden, die als Modell aller Pflanzen dienen konnte. Seine wichtigste botanische These lautete: "Alles ist Blatt", d.h. Kelchblätter, Blütenblätter, Dornen, Ranken usw. waren nach Goethe nichts anderes als modifizierte Blätter. Um diese These zu untermauern, interessierte sich Goethe besonders für die Erscheinung des "durchwachsens" von Blüten. Dieses Phänomen zeigte ihm, dass sich die verschiedenen Modifikationen von Blättern gegenseitig vertreten können."(26)

Je mehr Goethe jedoch durch die verschiedenen Stationen seiner Italienreise zu sich selber fand, desto schmerzlicher wurde ihm durch die Reaktion der Weimarer Freunde auf seine Briefe, die wachsende Distanz zu ihnen bewusst. Doch Goethe versicherte uns: "Ja, ich kann sagen, dass ich nur in Rom empfunden habe, was eigentlich ein Mensch sei"(27).

Anmerkungen

(1) Sinngemäß übernommen aus http://www.gymsm.krefeld.schulen.net/goethe.html.

(2) Direktes Zitat übernommen aus http://www.internetloge.de/arst/goethe.htm.

(3) S. Goethe in der Campagna von J.H.W. Tischbein, 1786-88.

(4) Goethe: Blickfeld Deutsch (s. Quellenverzeichnis), S.203, Text1, Zeile10-14.

(5) Winkelmann: Goethes Leben in Bilddokumenten (s. Quellenv.), S.113.

(6) Goethe: Goethes Leben in Bilddokumenten (s. Quellenv.), S.113.

(7) Reiseroute Goethes von Weimar bis Rom, die Reisedaten aus (1).

(8) "Historisch-kritische Nachrichten aus Italien" aus Goethes Leben in Bilddokumenten (s. Quellenv.), S.118.

(9) Goethes Leben in Bilddok. (s. Quellenv.), S.119.

(10) Goethes Leben in Bilddok. (s. Quellenv.), S.124/26.

(11) Goethes Leben in Bilddok. (s. Quellenv.), S.130/31.

(12) Goethes Leben in Bilddokumenten (s. Quellenv.), S.116.

(13) Goethes Leben in Bilddok. (s. Quellenv.), S.133.

(14) Goethes Leben in Bilddok. (s. Quellenv.), S.117.

(15) Zitat von Goethe aus Goethes Leben in Bilddok. (s. Quellenv.), S.117.

(16) Goethes Leben in Bilddok. (s. Quellenv.), S.122/26.

(17) Informationen aus http://www.xlibris.de/Autoren/Goethe/Interpretationen/Iphigenie.htm.

(18) Gedichte Mignon und Harfenspieler aus Goethes Gedichte (s. Quellenv.), S.111 und Meeres Stille sowie Ein Anders aus Goethe - 2.Band (s. Quellenv.), S.130/35.

(19) Blickfeld Deutsch (s. Quellenv.), S.202.

(20) Blickfeld Deutsch (s. Quellenv.), S.204, Text3.

(21) Zitate übernommen aus Goethes Leben in Bilddok. (s. Quellenv.), S.116.

(22) S. 1.3.Etappen der Reise.

(23) Goethe: http://www.koopiworld.de/pub/faust.htm.

(24) Blickfeld Deutsch (s. Quellenv.), S.204, dazu 2.3. Italienisches Reisetagebuch.

(25) Goethe: wie bei (24).

(26) Übernommen aus http://www. gymsm. krefeld.schulen.net/goethe.html.

(27) Goethe: Goethes Leben in Bilddok. (s. Quellenv.), S.117.

Quellenverzeichnis

Primärliteratur:

Bibliographisches Institut unter Leitung von Becker, Heinrich: Goethe, Leipzig CI, 2.Band, 1949.

Zweig, Stefan: Goethes Gedichte, Philipp Reclam jun., Leipzig, 1927.

Goethe, Johann Wolfgang: Italienische Reise, Philipp Reclam jun., Leipzig.

Sekundärliteratur:

Göres, Jörn: Goethes Leben in Bilddokumenten, Bechtermünz Verlag, Augsburg, 1999.

Werner, Frank u.a.: Blickfeld Deutsch, Ferdinand Schönigh, Parderborn, 1991.

Internetadressesn:

http://www.internetloge.de/arst/goethe.htm

http://www.lehrer.uni-karlsruhe.de/~za874/goetheproj5.htm

http://www.gymsm.krefeld.schulen.net/goethe.html

http://www.literaturwelt.com/autoren/goethe.html

http://www.literaturwelt.com/epochen/klassik.html

http://www.xlibris.de/Autoren/Goethe/Interpretationen/Iphigenie.htm

http://www.xlibris.de/Autoren/Goethe/Goethe_Kurzinhalte/Faust.htm

http://www.koopiworld.de/pub/faust.htm